Guía de lectura

Escrita por Maël Tailler
Traducida por Clara Raposo Romero

En el camino

de Jack Kerouac

JACK KEROUAC

ESCRITOR AMERICANO

- **Nacido en 1922 en Lowell en Massachussetts**
- **Fallecido en 1969 en San Petersburgo en Florida**
- **Sus obras más importantes son:**
  - *En el camino* (1957), novela
  - *Mexico City Blues* (1959), poesía
  - *Ángeles de desolación* (1965), novela

Jack Kerouac nació en Lowell en Massachussetts en 1922, en el seno de una familia canadiense francófona. Jean-Louis Kerouac (su nombre original) se convertirá en uno de los principales escritores de la generación beat junto a William Burroughs y Allen Ginsberg.

Sus novelas (*Los vagabundos del Dharma*, 1958; *El viajero solitario*, 1960; *Big sur*, 1962) narran sus viajes a través de Estados Unidos y critican el modo de vida americano. Kerouac busca refugio en el alcohol, las drogas, la espiritualidad (budismo) y los viajes ya que no consigue adaptarse a las asfixiantes convenciones sociales de su época. Gran referente para la juventud americana de los años 60, Kerouac muere en 1969 consumido por el alcohol.

EN EL CAMINO

LAS TRIBULACIONES DE DOS ANTICONFORMISTAS

- **Género:** novela autobiográfica
- **Edición de referencia:** Kerouac, Jack. 2007. *En el camino*. Traducido por Martín Lendínez. Barcelona: Anagrama
- **Primera edición:** 1957
- **Temas:** viaje, sociedad americana, libertad, marginalidad, huida

En el camino (1957) narra las tribulaciones de Dean Moriarty (Neal Cassady) y Sal Paradise (el mismo Kerouac), dos jóvenes hedonistas anticonformistas, en la América puritana del final de los años 40. Cruzando el país a dedo, en autocar o en coche, se enfrascan en una búsqueda confusa, agitada y existencialista que alcanza, a veces, el misticismo.

Esta novela autobiográfica, modificada varias veces antes de su edición, le valió al autor un inmenso éxito y hoy en día Kerouac está considerado uno de los autores más representativos de la generación beat.

RESUMEN

EL COMIENZO DE UN LARGO VIAJE

Sal Paradise es un joven universitario, vividor y aprendiz de escritor que vive en casa de su tía en New Jersey. Sueña con viajar. Conoce a Dean Moriarty, un extraño personaje que viene del Oeste. Ambos recorren los bares de Nueva York filosofando y planean encontrarse en Denver.

En julio de 1947, con sólo 50 dólares en el bolsillo, Sal se lanza a la carretera para huir de la monotonía de la ciudad y su conformismo. Va en busca de una vida más libre, menos sumisa al yugo de la sociedad. Su primer viaje es un fracaso, pero vuelve a marcharse al día siguiente, completamente decidido a hacer escala en Denver donde le esperan sus amigos. Pasa por Chicago donde el bebop (corriente musical que nació en los años cuarenta) que tocan en los bares lo deja maravillado. Haciendo autoestop, lo recogerán de la carretera unos camioneros, unos cowboys, unos trabajadores itinerantes y unos granjeros.

En Denver, Sal se queda en casa de su amigo Chad, después en el distinguido apartamento de los padres de su compañero Tim Gray.

Su amigo Carlo Marx, un joven universitario desvergonzado, lo llama para que se vean. En un sótano, Sal se encuentra con Dean y Carlo, ocupados con su nuevo pasatiempo: «comunicarnos mutuamente, y con absoluta honradez y de modo total, lo que tenemos en la mente» todo lo que se les pasa por la cabeza, con una buena dosis de bencedrina (una especie de anfetamina, Kerouac 2007, 57). Este trío y algunos amigos más pasan sus noches de fiesta en fiesta y discutiendo sobre diferentes temas.

Después de dar una vuelta por la vieja ciudad minera de Central City, Sal decide marcharse de la región para ir a San Francisco. Le acompaña Rita Betencourt, una chica «sencilla y sincera», con la que vive un breve historia (Kerouac 2007, 75).

CALIFORNIA, VIRGINIA Y NUEVA YORK

Sal se encuentra con su amigo Remi Boncoeur que vive y trabaja en los suburbios de San Francisco como funcionario de policía. La pareja de Remi no ve con buenos ojos la holgazanería de Sal, que se pasa el día «bebiendo café y garabateando» escenarios para Hollywood. Por tanto, se ve obligado a trabajar con su amigo. Pero, aunque deberían vigilar los campamentos de barracas que frecuentan los marineros de paso, prefieren beber con ellos, olvidándose de la ronda. Como el ambiente es cada vez peor en la casa de Remi, Sal decide irse como ha llegado: durante la noche y por la ventana.

En un autocar hacia Los Ángeles, Sal cae rendido ante una joven mexicana llamada Terry. Pasan dos semanas juntos. Intentan, en vano, encontrar trabajo en Hollywood, y deambulan por la carretera, hacen noche en moteles y se quedan un tiempo en Sebinal, con la familia de Terry.

Sal termina encontrando trabajo como recogedor de algodón y parece encontrar un equilibrio. Pero, tras haber hecho el amor por última vez, la pareja se separa sin demasiada pena. Sal retoma su periplo. Comparte el camino con un mendigo fascinante («el fantasma de Susquehanna» Kerouac 2007, 126) que le hace meditar a través de la historia sobre la oscura soledad que hay en el Este. Después, se va a casa de su tía.

Dean, que acaba de dejar a su mujer, a su hija y su trabajo en un momento de locura, se une a Sal en Virginia en casa del hermano de este. Dean es un hedonista (en busca del placer) convencido de que busca también un poco de más libertad. Compró un coche cuando se reconcilió con su antigua novia, Marylou, con la que está recorriendo el país junto a Ed Dunkel, un amigo de la infancia que huye de su nueva mujer. El alegre grupo ayuda al hermano de Sal en la mudanza y después se marcha a Nueva York.

Tras una breve estancia plagada de borracheras, conciertos de jazz y de excesos, parten de nuevo hacia Nueva Orleans donde los espera Old Bull Lee, un sabio místico corroído por la heroína. Tras varias noches de excesos, les hace entender que no pueden quedarse. Dean, Marylou y Sal retoman la carretera.

Al atravesar Tejas y más tarde California a toda velocidad, Dean recuerda la difícil infancia que pasó en compañía de su padre alcohólico, al que cree reconocer en cada vagabundo. En San Francisco, cuando ya no tienen más dinero, Dean decide abandonar la idea bruscamente y vuelve con su mujer Camille.

Sal y Marylou permanecen juntos durante un tiempo. Después ella lo abandona también. Sal, amargado y hambriento, se reencuentra con Camille y Dean, que ahora es vendedor de ollas a presión. Juntos se dan una vuelta y se separan pensando que nunca más volverán a verse.

COLORADO, ILLINOIS Y NUEVA YORK

En la primavera de 1949, Sal vuelve a Denver, pero se siente solo y deprimido. Ya no es más que un «hombre blanco desilusionado» (Kerouac 2007, 216). Vuelve a San Francisco donde Dean no desempeña muy bien su papel de padre de familia: fuma «té», es decir, marihuana, hasta volverse loco y se debate entre Camille (con la que no para de discutir) y Marylou (a la que pide que mate). Los «héroes derrotados de la noche occidental» (Kerouac 2007, 227) elaboran un proyecto para viajar a Italia con el dinero que Sal acaba de obtener por la publicación de un libro. Por desgracia, su sueño no llega a materializarse. Después de unas juergas con los viejos amigos, el dúo regresa a Nueva York.

Una pareja que los había recogido los deja en Denver porque no podían soportarlos. Se pelean y Dean se echar a llorar. El cansancio extremo los obliga a hacer dos escalas.

Vuelven a la oficina de turismo con un coche robado y aceptan encargarse de un Cadillac lleno de estudiantes que van hasta Chicago. Dean conduce como un loco, sin dormir ni ceder el volante, y llegan en tiempo récord al destino (después de parar en un rancho, de que el coche se saliera violentamente de la carretera y de rendir cuentas en la comisaría).

Tras haber dejado a los estudiantes en su destino, Dean y Sal pasan la noche en los bares de Chicago bebiendo y bailando. Por la mañana, entregan el Cadillac en un penoso estado. Se marcha a Detroit en autocar, pasan la noche en un cine y llegan haciendo autoestop a Nueva York. Dean conoce a Inez, «una morena muy sexy» (Kerouac 2007, 294), la deja embarazada y le pide el divorcio a Camille por teléfono, cuando esta acaba de dar a luz.

En Nueva York, Dean lleva una vida simple y ordenada: vive con Inez y trabaja en un parking. Una noche, mientras reflexiona sobre el destino y lo rápido que pasa el tiempo, Dean se dice a sí mismo que quizá acaben «rebuscando en los cubos de basura» (Kerouac 2007, 299) y que a lo mejor en eso consistía la verdadera libertad. Sal se marcha de nuevo a Denver, esta vez solo, donde se reencuentra con algunos amigos, como Tim Gray, Ed Dunkel y Stan Shepard. Tras una semana de fiestas donde el viejo grupo parece haberse reconstituido, Stan, Sal y Dean deciden encaminarse hacia el sur en dirección a México.

MÉXICO Y NUEVA YORK

México responde a sus expectativas a pesar de la pobreza y la tranquilidad de sus campos. En Gregoria se encuentran con Víctor que los invita a su casa, les proporciona «té» y los lleva después a un burdel. Los tres dejan la ciudad muy a su pesar y continúan su periplo, llegando por fin a México, ciudad que encuentran fascinante y salvaje. Pero Sal cae enfermo poco después. Cuando vuelve en sí, Stan ya se ha ido y Dean se prepara para hacer lo mismo.

En otoño, Sal vuelve a Nueva York, para bien o para mal, donde conoce a una chica llamada Laura. Entretanto, Dean se casa con Inez, pero la deja la misma noche para reunirse con Camille en San Francisco.

Un día al volver a casa, Sal descubre a un Dean consumido y vencido. Poco después, Remi Boncoeur («que había engordado y estaba algo más triste», Kerouac 2007, 362) propone a Sal y a Laura asistir a un concierto de Duke Ellignton, pero se niega a llevar a Dean. Lo abandonan triste y solo en la esquina de una calle. Más tarde, Sal reflexiona en un muelle de New Jersey: recuerda sus viajes y de una manera especial a Dean Moriarty (que nunca más volvió a ver) y a su padre (con el que nunca se volvió a reencontrar).

ESTUDIO DE LOS PERSONAJES

SAL PARADISE (EL NARRADOR)

Bajo este seudónimo se esconde el narrador autobiográfico de esta historia. Sal es también la abreviación de Salvatore («el salvador», en italiano) y Paradise refleja el idealismo del héroe que parte al Oeste (y al Sur) en busca de una vida más libre (el paraíso perdido de su generación).

Este aprendiz de escritor (que cita fácilmente a Dostoyevski, London, Steinbeck y Céline) se lanza a la carretera en compañía de Dean para huir de la rutina y del conformismo que achaca a Nueva York (vive con su tía en New Jersey). Es un aventurero, al igual que Dean, y un vividor al que le encanta la noche, los viajes, la fiesta y las nuevas amistades, pero nunca supera los excesos de su amigo (como revela su timidez durante las relaciones sexuales con Marylou o la relativa prudencia al volante). Debido a su carácter pasivo y dominado, se deja llevar por Dean, que conserva siempre una mirada crítica.

DEAN MORIARTY

Este personaje (inspirado directamente de Neal Cassady, uno de los amigos de Kerouac,) forma con Sal Paradise (el doble del autor) el dúo principal de *En el camino*.

Dean, con sus grandes patillas (Kerouac 2007, 12), su ropa siempre manchada o rota y su aspecto descuidado, encarna el personaje del chico malo. Tiene una infancia difícil debido al alcoholismo de su padre y a su paso por un reformatorio. Es un personaje marginal que se entrega a la bebida y a las drogas, pero que no es en realidad peligroso o violento.

Sal lo considera su mentor. Es defensor del hedonismo además de anticonformista e inquebrantable optimista (su leitmotiv es «¡Sí, sí, sí!»), siempre en busca de nuevas aventuras y de libertad. Es también un marido infiel y un padre irresponsable. Aunque se reconcilia con la mayoría de sus novias, acabará solo y miserable. Sin embargo, la novela (y la obra de Kerouac en general) valora sin cesar este tipo de marginalidad considerándola el grado máximo de libertad al que se puede aspirar. Dean, sin embargo, encarna antes que la locura o la excentricidad, una cierta santidad.

CARLO MARX

Su nombre es una referencia directa a Karl Marx, un guiño a las convicciones políticas de Allen Ginsberg (poeta americano, amigo de Kerouac, 1926-1997), pero recuerda del mismo modo a los Hermanos Marx. Es un universitario que tiene poca vergüenza y se entrega a la poesía y a la filosofía. Sin embargo, se separa de dúo principal conservando una cierta tranquilidad.

Hablamos de novelas y personajes en clave cuando los personajes remiten a personas reales, de manera más o menos explícita, como ocurre en *En el camino*.

Karl Marx: fue filósofo, economista y escritor alemán (1818-1883). Elaboró la teoría del socialismo proletario revolucionario junto a Friedrich Engels y redactó el *Manifiesto del Partido Comunista*. Critica el capitalismo y vaticina su caída. Hoy en día se habla de marxismo para hacer referencia a la corriente que se identifica con las ideas de esta figura política.

Los Hermanos Marx: fueron unos actores cómicos americanos que trabajaron para el cine, la televisión y el teatro hasta los años 50. Groucho, Harpo, Chico, Gummo y Zeppo (sus nombres originales) era hermanos de verdad.

OLD BULL LEE (WILLIAM BURROUGHS)

Este universitario marginal, adicto a todas las drogas, llevó una vida licenciosa y de grandes contrastes (se casó con una condesa yugoslava, fue exterminador en Chicago, etc., Kerouac 2007, 171) antes de jubilarse con su pareja (Jane) a Nueva Orleans.

Tras volverse místico y heroinómano, busca el conocimiento a través de las drogas (Kerouac 2007, 172). La ambivalencia de su nombre hace referencia al mismo tiempo a un jefe indio ficticio (Old Bull significa «toro viejo») y al general Lee, un ferviente opositor de la burocracia de Washington durante la guerra de Secesión (conflicto sobre la raza negra, 1861-1865).

REMI BONCOEUR

Remi Boncoeur (su verdadero nombre era Henri Cru) es un amigo de la infancia de Sal que se mudó a San Francisco. Su trayectoria refleja la de muchos otros personajes del libro: es un vividor en busca de aventuras que «sienta la cabeza» rápidamente. Se casa con Lee Ann («tenía una lengua muy larga», «procedía de un pueblecito de Oregón», Kerouac 2007, 81), abandona su vida tumultuosa y vive una vida de burgués. A ojos del narrador, Remi «había engordado y estaba algo más triste», (Kerouac 2007, 362) debido a su nueva vida.

LAS CHICAS

Sal y Dean conocen a muchas chicas durante su periplo. De hecho, es una de las razones que les anima a emprender el camino. Aunque muy presentes en la historia, desempeñan, a pesar de todo, un papel secundario que el narrador presenta con frecuencia de manera negativa. Camille, Marylou e Inez, por ejemplo, intentan en vano que Dean se asiente, y Sal no puede evitar verlas como un impedimento que frena la aventura. Sal tendrá varias relaciones (Terry, la joven mexicana; Babe Rawlins, «una muñeca del Oeste» (Kerouac 2007, 56); Rita, una chica «sencilla y sincera» (Kerouac 2007, 73); Marylou, Laura, etc.), pero se niega de manera sistemática a tener una relación estable. Se las considera siempre desde un punto de vista machista como objetos de deseo y no como interlocutoras interesantes. Sin embargo, ocupan un lugar esencial en el arte de vivir que reivindican Sal y Dean.

GENERACIÓN BEAT, CONTRACULTURA Y SOCIEDAD AMERICANA

LA GENERACIÓN BEAT

La generación beat significa «agotada, cansada, rota» en el argot americano y hace referencia al desarraigo que siente la joven generación americana tras salir de la Segunda Guerra Mundial. También significa «ritmo, pulsación». Hay que decir que los *beatniks* eran grandes aficionados al jazz.

Así, la generación beat designa un movimiento literario y cultural que se desarrolló en Estados Unidos entre los años cincuenta y sesenta. Sus miembros más importantes (Kerouac, Burroughs, Ginsberg) proclaman su rechazo a la sociedad industrial y macartista en favor de la espiritualidad (el budismo zen), los viajes y las experiencias psicotrópicas. Estos autores marcaron profundamente la cultura del siglo XX.

¿Sabía que...? El macartismo

El macartismo (cuyo nombre procede del senador americano Joseph MCarthy, 1908-1957) hace referencia a una política de persecución y de reclusión a toda persona sospechosa de simpatizar con las ideas comunistas en la América de los años cincuenta. El macartismo se desarrolla en un contexto de psicosis, la Guerra Fría (1945-1990), y se asemeja a una auténtica «caza de brujas».

UNA CRÍTICA DE LA SOCIEDAD

En su novela, Kerouac se entrega a una crítica constante de la sociedad americana de la posguerra. No se trata de una serie de argumentos pronunciados sistemáticamente sino de retratos, descripciones y reflexiones distribuidos según la ciudad, y también situaciones y personas conocidas. Sal y Dean señalan entre otras:

- la estupidez y la arrogancia de los policías (Kerouac 2007, 108), así como los límites y los peligros del militarismo (la novela menciona sobre todo la invención de la bomba de hidrógeno);
- el espejismo de la felicidad y del bienestar de la civilización y el sentimiento de pertenecer a una «generación perdida»;
- el puritanismo, el conformismo estúpido, la pedantería de la clase media («estaba viendo a qué absurdos medios recurrían para mantener su orgullosa tradición», Kerouac 2007, 45), los estudiantes y los burgueses;
- el aburrimiento inherente a un modo de vida individualista, materialista, súper protegido, reglamentado y vacío de sentido;
- la frialdad y la negatividad de los intelectuales de la Costa Este;
- el racismo hacia los negros (relegados a menudo a las funciones menos valoradas) y hacia los mexicanos (Kerouac 2007, 327), al igual que el macartismo en ascenso;
- las duras desigualdades que se manifiestan de manera violenta en las grandes ciudades.

LA CONTRACULTURA

Kerouac, relativamente decepcionado con la Historia y la evolución de la sociedad, defiende una manera de vivir y de pensar anticonformista y no las grandes utopías. Este estilo de vida se caracteriza por:

* un hambre absoluta de libertad que incita, a veces, a ignorar la ley (excesos de velocidad, embriaguez en la vía pública, robo de coches, consumo de drogas, etc.). Es una especie de anarquía que bajo ningún concepto se vuelve militante;
* el rechazo al sueño americano, ese doble espejismo que consiste en creer que la acumulación de bienes materiales conduce necesariamente a la felicidad y que, sea cual sea el origen social o el color de la piel, podemos ascender a la cumbre de la pirámide social;
* una apertura de espíritu y una curiosidad sin límites;
* el culto a la marginalidad y a una clase de locura como respuesta directa al conformismo mortífero, así como la atracción por los marginados (los vagabundos, sobre todo) y las minorías;
* un ineludible optimismo, cálido y generoso, frente a toda adversidad;
* un hedonismo apasionado (comer bien, beber, tomar drogas, salir de fiesta, bailar, reír, disfrutar plenamente de la sexualidad, aprovechar cada momento, y abandonarse a los excesos);
* una huida constante, a través de los continuos viajes, del alcohol y de las drogas) de la realidad cotidiana y del pensamiento fijo que impone el «reglamento».

Estas elecciones de vida acarrean evidentemente problemas. Al final de la novela, Sal parece desorientado y amargado, Old Bull Lee se hunde en su toxicomanía y a Dean, que ha envejecido demasiado rápido, lo rechaza todo el mundo y se entrega a una vida de vagabundeo y de miserias, pero sin la energía y el optimismo de la juventud. Algunos autores de la generación beat (Kerouac y Ginsberg, entre otros) han vivido en su piel esta especie de epílogo.

POÉTICA DEL FLUJO, DEL MOVIMIENTO Y DE LA VELOCIDAD

El periplo que emprende Sal y Dean, aunque pueda dividirse en viajes y a pesar de que los personajes no vayan siempre en la misma dirección, da la impresión de un único y mismo flujo de acontecimientos que quedan reflejados de manera simbólica en el camino. De hecho, comparan la carretera con el destino humano. Asimismo, los protagonistas pasan varias veces por el mismo sitio (Denver, sobre todo) como si el movimiento fuera cíclico.

Dean está literalmente obsesionado con la idea de movimiento. No quiere pararse nunca ni en la carretera ni en la vida. Lo que Dean busca no es tanto la velocidad en sí mismo (rasgo característico de la vida moderna en Occidente), sino un ritmo adaptado a los acontecimientos. Para él un ejemplo de este ritmo se encuentra en la música de los *jazzmen* afroamericanos que le inspiran para crear su teoría del «it». El «it» es, en cierto modo, lo que busca todo músico de jazz, el instante preciso y sagrado donde el solista consigue materializar lo mejor de sí mismo en armonía con el conjunto atento que le escucha, y toma conciencia de que algo indescriptible y mágico ha pasado (Kerouac 2007, 321). De hecho, Kerouac ha interpretado el término *beatnik* de este modo: *beat* se descompone en *be at it*, estar «con», tener el «it», según Bernard Nouis. Este interés por el movimiento se traduce de diferentes formas en su escritura.

EL SOPORTE

Originalmente *En el camino* se presenta en forma de rollo de papel de una extensión de 35 metros, sin división (ni capítulos, ni partes) y con una escasa puntuación. El autor afirma haberlo dactilografiado durante tres semanas, en un mismo impulso (Kerouac debió modificar su texto varias veces antes de publicarlo). De este modo, encontramos la idea del flujo continuo en el soporte físico de la obra.

LA NARRACIÓN

El narrador conduce al lector en un flujo de palabras: las reflexiones, los retratos, las biografías, las anécdotas y los informes se suceden, se mezclan y se atraen los unos a los otros como el pensamiento en movimiento del hombre, como sus asociaciones de ideas.

No se trata de un monólogo interior propiamente dicho (ya que el narrador retoma por su cuenta los relatos de otros personajes y toma distancia con respecto a su relato anticipando ciertos acontecimientos o vertiendo una mirada retrospectiva). Pero las diferentes secuencias, sobrecargadas de acontecimientos, se traducen en una sucesión de frases relativamente breves, con mucha frecuencia yuxtapuestas y en pocas ocasiones coordinadas:

> «Corrimos de regreso a la cabaña minera. Todo continuaba preparándose para la gran fiesta. Las chicas, Babe y Betty, cocinaban judías y salchichas, y después bailamos y empezamos con la cerveza para entonarnos. Rawlins y Tim y yo nos relamíamos. Cogimos a las chicas y bailamos. No había música, sólo baile. El lugar se llenó. La gente empezó a traer botellas. Corríamos a los bares y regresábamos también corriendo. La noche se hacía más y más frenética. Me habría gustado que Carlo y Dean estuvieran aquí (después comprendí que estarían fuera de lugar e incómodos). Eran como el hombre del calabozo y las tinieblas, el underground, los sórdidos hipsters de América, la nueva generación beat a la que lentamente me iba uniendo» (Kerouac 2007, 70).

La manera que tiene Dean de expresarse (empleando el discurso indirecto en algunos pasajes) es también muy significativa y acentúa la sensación de velocidad y de movimiento del pensamiento tal y como se describe aquí abajo:

> «¡Vaya! ¡Si es Sal! —exclamó Dean—. Bien... veamos... ah... sí... claro, has llegado... eres un hijoputa, sí... por fin cogiste la vieja carretera. Bien, ahora vamos a ver... tenemos que... sí, sí, ahora mismo... es necesario hacerlo, tenemos que hacerlo, 32 claro está... Mira Camille —y se volvió hacia ella—. Sal está aquí, es un viejo amigo de Nueva York y acaba de llegar a Denver. Es su primera noche aquí, así que es absolutamente necesario que me vaya con él y le ayude a ligarse una chica». (Kerouac 2007, 58)

LAS ELIPSIS

La elipsis (saltos en el tiempo) es otro recurso que emplea Kerouac para impregnar su texto de una sensación de velocidad. Los conceptos de flujo, movimiento y velocidad responden a la voluntad del autor de querer transmitir de la manera más fiel y más adecuada este período feliz e intenso de su vida.

PISTAS PARA LA REFLEXIÓN

ALGUNAS PREGUNTAS PARA PROFUNDIZAR EN SU REFLEXIÓN...

- Algunos personajes de la obra son personajes en clave. Explique el significado de esta afirmación.
- ¿Qué visión de la mujer nos proporciona la novela? ¿Está de acuerdo con esta visión?
- ¿Qué caracteriza a la generación beat? ¿En qué medida los personajes de la novela son representantes de este movimiento?
- ¿Qué quiere denunciar Kerouac con esta obra?
- En su opinión, ¿es Kerouac un revolucionario? ¿Intenta mejorar la sociedad? Justifique su respuesta.
- ¿Qué objetivo tienen los personajes de la novela en la vida? ¿Qué están buscando?
- ¿Qué simboliza el camino?
- En su opinión, ¿por qué publicó el autor su obra con forma de rulo de papel de 35 metros de largo?
- ¿Cómo explicaría usted el interés de Kerouac por el movimiento y la velocidad?

¡Su opinión nos interesa!
¡Deje un comentario en la página web de su librería en línea,
y comparta sus favoritos en las redes sociales!

PARA IR MÁS ALLÁ

EDICIÓN DE REFERENCIA

- Kerouac, Jack. 2007. *En el camino*. Traducido por Martín Lendínez. Barcelona: Anagrama.

ADAPTACIONES

- *En la carretera*. Dirigida por Walter Salles, con Sam Riley, Garret Hedlund, Kristen Stewart y Kirsten Dunst. Brasil, Francia, Reino Unido y Estados Unidos, 2012.
- *On the road.* Radionovela dirigida por Christine Bernard-Sugy. Francia: France Culture, 2005.

www.resumenexpress.com

ISBN ebook: 9782806273819

ISBN papel: 9782806285812

Depósito legal: D/2016/12603/517

Cubierta: © Primento

Libro realizado por Primento, el socio digital de los editores